Juntos podemos resolver essa briga

Marshall Rosenberg

Juntos podemos resolver essa briga

Paz e poder na resolução de conflitos

TRADUÇÃO
Tônia Van Acker

Palas Athena

Título original: *We Can Work It Out: Resolving Conflicts Peacefully and Powerfully*
Copyright © 2005 Marshall B. Rosenberg, Ph. D.

Grafia segundo o Acordo Ortográfico da Língua Portuguesa de 1990, que entrou em vigor no Brasil em 2009.

Coordenação editorial: Lia Diskin
Revisão técnica: Silvio de Melo Barros
Revisão: Rejane Moura
Capa, Projeto gráfico, Produção e Diagramação: Jonas Gonçalves

Dados Internacionais de Catalogação na Publicação (CIP)
(Câmara Brasileira do Livro, SP, Brasil)

Rosenberg, Marshall B.
  Juntos podemos resolver essa briga : paz e poder na resolução de conflitos / Marshall Rosenberg ; tradução Tônia Van Acker. -- São Paulo : Palas Athena, 2020.

  Título original: We Can Work It Out : Resolving Conflicts Peacefully and Powerfully
  ISBN 978-85-60804-53-5

  1. Conflitos interpessoais 2. Comunicação interpessoal - Aspectos psicológicos 3. Empatia - Aspectos sociais 4. Não violência 5. Psicologia social 6. Relações interpessoais 7. Respeito I. Título.

20-33256   CDD-153.6

Índices para catálogo sistemático:

1. Comunicação interpessoal : Psicologia 153.6
Maria Alice Ferreira - Bibliotecária - CRB-8/7964

2ª edição, março de 2025

Todos os direitos reservados e protegidos pela Lei 9610 de 19 de fevereiro de 1998.

É proibida a reprodução total ou parcial, por quaisquer meios, sem a autorização prévia, por escrito, da Editora.

Direitos adquiridos para a língua portuguesa por Palas Athena Editora.

Fone (11) 3050-6188
www.palasathena.org.br
editora@palasathena.org.br

Sumário

11 Introdução
13 Como usar a Comunicação Não Violenta para resolver conflitos
15 Definir e expressar necessidades
21 Perceber as necessidades dos outros
27 Verificar se as necessidades foram compreendidas com exatidão
29 Oferecer empatia para aplacar a dor
33 Resolver conflitos entre grupos
39 Propor estratégias em linguagem de ações concretas
45 Resolver conflitos com autoridades
47 Respeitar não é o mesmo que ceder
49 Quando não se consegue reunir as duas partes
51 Conclusão
52 Apêndice
    Os quatro componentes da CNV.. 52
    Lista de sentimentos e necessidades universais...................... 53
    Sobre a Comunicação Não Violenta... 55
    Sobre o Center for Nonviolent Communication...................... 57
    Sobre o autor... 59

Introdução

Ao longo de mais de quarenta anos, mediei conflitos os mais diversos entre pais e filhos, maridos e mulheres, gerentes e trabalhadores, palestinos e israelenses, sérvios e croatas, e grupos em guerra em Serra Leoa, Nigéria, Burundi, Sri Lanka e Ruanda. A lição que aprendi lidando com disputas em todos os níveis é que resolver conflitos pacificamente é possível, e todos podem sair satisfeitos. A probabilidade de as diferenças serem solucionadas a contento de todos aumenta de modo significativo se conseguirmos estabelecer uma determinada qualidade de conexão humana entre os oponentes.

Desenvolvi um processo chamado Comunicação Não Violenta, que consiste em habilidades mentais e de comunicação que nos capacitam a estabelecer uma conexão compassiva com os outros e com si próprio. Meus colegas e eu estamos muito felizes com as várias maneiras diferentes com que a Comunicação Não Violenta vem sendo usada pelas pessoas na vida privada, laboral e em atividades políticas no mundo todo.

Nas páginas a seguir descreverei como a Comunicação Não Violenta pode oferecer apoio para a resolução pacífica de conflitos. Este processo pode ser usado quando estamos pessoalmente envolvidos no conflito ou para mediar disputas alheias.

Quando sou chamado a mediar um conflito, começo ajudando os participantes a estabelecerem uma ligação mútua de respeito e cuidado. Somente depois de firmada essa conexão é que passo a envolvê-los na busca de estratégias para resolver a questão. Nessa segunda etapa, não buscaremos um meio termo em que ambos cedem; ao contrário, procuraremos resolver o conflito de modo que todos saiam plenamente satisfeitos. Para praticar esse método de resolução de conflitos, é preciso abandonar completamente o objetivo de **conseguir que as pessoas façam o que nós queremos**. Nosso foco deve ser o de criar condições para que **as necessidades de todos sejam atendidas**.

A fim de esclarecer bem essa diferença de metas (entre conseguir o que queremos e conseguir o que todos querem), imaginemos que alguém está se comportando de modo que não supre a minha necessidade, e eu faço um pedido para que a pessoa se comporte de outra maneira. Segundo a minha experiência, o outro oporá resistência ao meu pedido se sentir que estou interessado em atender apenas à minha própria necessidade, e se não acreditar que também me preocupo em atender as necessidades **dele**. A motivação para cooperar genuinamente surge quando todos os participantes sentem confiança de que suas próprias necessidades e valores serão tratados com respeito e consideração. O processo de Comunicação Não Violenta se baseia em práticas respeitosas que fomentam cooperação genuína.

Como usar a Comunicação Não Violenta para resolver conflitos

As práticas de Comunicação Não Violenta envolvidas na resolução de conflitos são:

a) Expressar as próprias necessidades;
b) Perceber as necessidades dos outros, independentemente de como os outros estejam se expressando;
c) Verificar se as necessidades foram corretamente compreendidas;
d) Oferecer a empatia necessária para que o outro consiga ouvir a minha necessidade;
e) Traduzir as soluções ou estratégias propostas para uma linguagem de ações concretas.

Definir e expressar necessidades (necessidades não são estratégias)

Minha experiência mostrou que, se conseguirmos manter o foco nas necessidades, os conflitos tenderão para uma solução mutuamente satisfatória. Ao manter o foco nas necessidades, podemos expressar claramente nossas carências, compreender as dos outros, e evitar falas que denotam erro ou culpa da outra parte. Veja na página seguinte um quadro com algumas das necessidades humanas que todos temos.

Infelizmente, descobri que pouquíssimas pessoas aprenderam esse repertório de necessidades. Ao contrário, foram educadas para criticar, insultar e para se comunicar de modo a criar distância entre si e os outros. Em consequência, até mesmo no caso de conflitos que têm solução, ninguém consegue chegar a ela. Em vez de os oponentes expressarem suas próprias necessidades e compreenderem as da outra parte, os dois entram num jogo de quem tem razão. Em geral esse jogo resulta em várias formas de violência verbal, psicológica ou física – algo que passa longe da resolução pacífica de conflitos.

Devido ao fato de as necessidades serem um elemento tão fundamental nesta abordagem à solução de disputas, gostaria de esclarecer o que quero dizer quando uso a palavra "necessidade". Na acepção adotada aqui, as **necessidades**

Autonomia

- Escolher sonhos, propósitos, valores
- Escolher planos para realizar os próprios sonhos, propósitos e valores

Celebração

- Celebrar a criação da vida e os sonhos realizados
- Lamentar perdas: de seres queridos, sonhos, etc. (luto)

Comunhão Espiritual

- Beleza
- Harmonia
- Inspiração
- Ordem
- Paz

Integridade

- Autenticidade
- Criatividade
- Sentido
- Valor próprio

Independência

- Aceitação
- Acolhimento
- Amor
- Apoio
- Apreciação
- Compreensão
- Comunidade
- Confiança
- Consideração
- Contribuição para o enriquecimento da vida
- Empatia
- Honestidade (a honestidade que nos permite tirar um aprendizado de nossas limitações)
- Proximidade
- Respeito
- Segurança emocional

Lazer

- Diversão
- Riso

DEFINIR E EXPRESSAR NECESSIDADES
(NECESSIDADES NÃO SÃO ESTRATÉGIAS)

podem ser vistas como recursos que a vida precisa para se sustentar. Por exemplo, o bem-estar físico depende da nossa capacidade de atender as necessidades de ar, água, descanso e alimento. Nosso bem-estar psicológico e espiritual é aprimorado pelo atendimento às necessidades de compreensão, apoio, honestidade e significado.

Nesta acepção, todos os seres humanos possuem as mesmas necessidades. Independentemente de gênero, nível acadêmico, crença religiosa ou nacionalidade, todos precisamos que as mesmas necessidades sejam supridas. O que difere de uma pessoa para outra é a estratégia para atendê-las. Descobri que é mais fácil resolver conflitos se separarmos as necessidades das estratégias que foram escolhidas para atendê-las.

A regra para distinguir entre necessidades e estratégias é nunca perder de vista que as necessidades não contêm referência a pessoas específicas que devem fazer coisas específicas. Por outro lado, as estratégias (o que normalmente chamamos de "o que eu quero", pedidos, desejos, "soluções") **de fato** dependem de determinadas pessoas desempenharem determinadas ações. A história de um casal que havia decidido se separar pode servir de exemplo para esclarecer essa importante diferença entre necessidades e estratégias.

Perguntei ao marido que necessidades dele estavam desatendidas no casamento. Ele respondeu: "Eu preciso sair desse relacionamento". Como o homem falou sobre uma pessoa específica (ele) e uma ação específica (se divorciar), ele não estava expressando uma necessidade na acepção adotada aqui: ele me revelava a estratégia que pretendia adotar. Mostrei isso a ele, e sugeri que adiássemos a conversa sobre estratégias até que esclarecêssemos quais eram as necessidades dele e de sua esposa. Quando conseguimos chegar às necessidades dele e dela, os dois perceberam que havia outras estratégias disponíveis, ao invés de terminar um relacionamento que ainda poderia atender às suas necessidades. Fico feliz em dizer que, dois anos mais tarde, soube que eles continuavam casados e tinham estabelecido uma relação muito satisfatória para ambos.

Muitas pessoas acham difícil expressar suas necessidades. Essa falta de "vocabulário" cria problemas quando desejam resolver um conflito. Como ilustração, gostaria de contar o caso de um casal cujas tentativas de resolver o conflito acabaram levando à violência física mútua.

Tempos atrás, eu estava ministrando um treinamento na empresa onde o marido trabalhava. No final do curso, o marido me perguntou se podia falar comigo em particular sobre uma questão pessoal. Em lágrimas, explicou-me a situação dele com a esposa e perguntou se eu poderia me encontrar com eles para ajudá-los a resolver alguns de seus conflitos. A esposa concordou, e aquela noite fui visitá-los.

Comecei dizendo:

— Estou ciente de que vocês dois estão sofrendo muito. Gostaria de sugerir que comecemos da seguinte maneira: cada um de vocês dirá que necessidades suas estão deixando de ser atendidas dentro do relacionamento. Quando tiverem compreendido as necessidades um do outro, tenho confiança de que poderemos encontrar algumas estratégias para atender a essas necessidades.

O meu pedido a ambos envolvia a capacidade de expressar e depois compreender as necessidades um do outro. Infelizmente, eles não conseguiram. Não tinham repertório para tanto. Em lugar de expressar necessidades, o marido disse:

— O seu problema é que você é totalmente insensível

DEFINIR E EXPRESSAR NECESSIDADES
(NECESSIDADES NÃO SÃO ESTRATÉGIAS)

às minhas necessidades.
— É típico de você me acusar de coisas injustas como essa – retrucou na mesma hora a esposa.

Em outra ocasião fui como consultor para ajudar uma empresa que vinha passando por um conflito bastante perturbador há mais de um ano e meio, e que afetou o clima organizacional e também a produtividade. Havia duas facções dentro do mesmo departamento. O conflito envolvia a escolha de um software. Fortes emoções afloraram em função dessa disputa. Um lado tinha trabalhado intensamente para desenvolver o software que estava sendo utilizado até então, e queriam continuar a usá-lo. A outra facção defendia veementemente um novo software.

Quando me encontrei com eles, comecei da mesma forma que fiz com o casal acima. Pedi aos dois lados que me contassem quais eram as necessidades que estariam melhor atendidas pelo software que defendiam. Tal como na situação do casal, não consegui que expressassem claramente suas necessidades: cada um dos lados respondeu com uma análise intelectual, que o outro lado recebia como crítica.

Um dos membros da primeira facção disse:

— Penso que se continuarmos a ser conservadores demais, podemos ficar sem trabalho no futuro, pois para progredir é preciso assumir alguns riscos e ousar, mostrando que superamos as maneiras antiquadas de fazer as coisas.

E uma pessoa do outro grupo respondeu:

— Mas sair impulsivamente pegando qualquer novidade que aparece não é algo que garantirá nossos interesses.

Eles então me contaram que vinham repetindo esses mesmos argumentos de análise mútua há meses, e que não estavam chegando a lugar algum. Na verdade, só conseguiram criar muita tensão na equipe.

Tal como o marido e a mulher, eles não sabiam como expressar suas necessidades de modo direto. Ao contrário, analisavam-se mutuamente e ouviam como crítica a análise feita pelos outros. É assim que se criam as guerras. Quando não conseguimos expressar claramente o que queremos, e nos limitamos a analisar os outros de um modo que soa como crítica, as guerras não acabam nunca, sejam elas verbais, psicológicas ou físicas.

Perceber as necessidades dos outros (não importa como eles se expressam)

A abordagem de resolução de conflitos que estou descrevendo exige não apenas aprender a expressar nossas necessidades mas também ajudar os outros a terem clareza sobre as deles. Podemos nos exercitar para escutar aquilo que os outros precisam através de suas mensagens, independentemente de como estejam se expressando.

Sou um autodidata nesta questão pois acredito que toda mensagem, qualquer que seja seu conteúdo e forma, é a expressão de uma necessidade. Se aceitarmos este pressuposto, poderemos exercitar nossa capacidade de perceber quais necessidades estão na raiz de qualquer mensagem. Portanto, se pergunto a alguém "O que você acabou de dizer?", e a pessoa responde "Essa é uma pergunta idiota", eu escolho, através da resposta que ela me deu (em forma de julgamento), perceber o que essa pessoa precisa. Por exemplo, posso cogitar que sua necessidade de ser compreendida não foi atendida na hora em que fiz aquela pergunta.

Ou então, se peço a alguém que me fale sobre algum atrito no nosso relacionamento e a pessoa diz "Não quero falar sobre esse assunto", seria possível intuir que sua necessidade é proteger-se daquilo que imagina que aconteceria caso se abrisse comigo.

Essa habilidade de perceber o que as pessoas precisam é crucial para mediar conflitos. Como mediadores, podemos contribuir muito ao compreender o que cada uma das partes precisa, colocar isso em palavras e depois ajudar cada um dos lados a ouvir as necessidades do outro. Esse processo cria uma qualidade de conexão que leva o conflito a uma solução satisfatória.

Permitam-me dar um exemplo. Muitas vezes trabalho com grupos de casais. Nesses encontros, identifico o casal com o conflito mais duradouro e faço uma profecia ousada diante do grupo. Digo a eles que encontraremos a solução para esse conflito antigo em vinte minutos a partir do momento em que ambos os lados me disserem quais são suas necessidades.

Certa vez, num trabalho com um desses grupos, identificamos um casal que estava casado há 39 anos. O conflito deles era em torno de dinheiro. Com seis meses de casados, a esposa já tinha emitido cheques sem fundo duas vezes. O marido então assumiu o controle do talão e nunca mais permitiu que ela tivesse acesso a cheques. Eles vinham brigando por causa disso há 39 anos.

Quando a mulher escutou minha profecia, ela disse:

— Marshall, vou te dizer uma coisa. Isso não vai acontecer de jeito nenhum. Veja bem, temos um bom casamento, nos comunicamos muito bem, mas sobre esse conflito, simplesmente temos necessidades diferentes quando se trata de dinheiro. De maneira nenhuma podemos resolver isso em vinte minutos.

22

Eu a corrigi dizendo que não tinha predito que poderíamos resolver tudo em vinte minutos, mas que a solução viria em vinte minutos a partir do momento em que os dois conseguissem me dizer quais eram as necessidades um do outro. E ela retrucou repetindo que eles se comunicavam muito bem e que vinham falando sobre esse assunto há 39 anos – e que, portanto, sabiam perfeitamente quais eram suas necessidades mútuas. Então eu falei:

— Bem, já errei antes, e certamente posso estar enganado agora, mas vamos explorar essa questão. Já que você sabe quais são, me diga: quais são as necessidades dele?

— É obvio. Ele não quer que eu gaste dinheiro – ela respondeu.

— Isso é ridículo! – reagiu imediatamente o marido.

Ficou claro que minha definição de necessidade era bem diferente da dela. Quando ela afirmou que ele não queria que ela gastasse, estava falando daquilo que chamo de **estratégia**. Mesmo que ela estivesse dizendo a verdade, aquilo era a descrição da estratégia que o marido adotou, não a necessidade dele. Segundo minha definição de necessidade, sua descrição não pode conter referência a ações específicas como gastar dinheiro ou não gastar dinheiro.

Expliquei que todos os humanos têm as mesmas necessidades, e que tinha certeza de que se ela compreendesse claramente as necessidades do marido, e ele entendesse quais eram as necessidades dela, seria possível resolver a questão. E insisti:

— Vamos tentar de novo? Qual você acha que é a necessidade dele?

— Veja bem, Marshall, deixe-me explicar – ela respondeu.

— Ele é igualzinho ao pai dele. Não gosta de gastar dinheiro.

— Espere um pouco – interrompi. — Você está relatando a sua análise de quanto à maneira de ele ser. O que estou pedindo é que você diga simplesmente qual a necessidade dele envolvida nessa situação. Você está oferecendo uma análise intelectual sobre a história de vida dele.

Ficou claro que ela não sabia identificar a necessidade dele, mesmo depois de 39 anos de discussão. Ela ainda não sabia qual era a necessidade de seu marido. Ela tinha diagnósticos dele, uma percepção intelectual de quais seriam as razões dele para não deixar que ela tivesse um talão de cheques. Mas não sabia realmente quais eram as necessidades dele nessa situação.

Portanto, perguntei ao marido:

— Bem, já que sua esposa não sabe quais são suas necessidades, diga a ela quais são. Que necessidade sua é satisfeita pela retenção do talão de cheques?

— Marshall, ela é uma esposa maravilhosa, uma mãe excepcional. Mas quando se trata de dinheiro, ela é totalmente irresponsável.

Mais uma vez, notem a diferença entre minha pergunta "Quais as suas necessidades?" e a resposta dele. Em vez de me dizer quais eram suas necessidades, ele me deu um diagnóstico da esposa, afirmando que ela era irresponsável. É esse tipo de comunicação que dificulta a resolução de conflitos de maneira pacífica. No momento em que a outra parte se sente criticada, diagnosticada ou intelectualmente rotulada, sua energia será investida na autodefesa e em contra-acusações ao invés de se voltar para a resolução e o atendimento das necessidades de todos.

Observei que ele na verdade não estava conectado às suas próprias necessidades, e mostrei que aquilo era um diagnóstico sobre sua esposa. Então perguntei de novo, mas ele não soube responder.

Mesmo depois de discutirem durante 39 anos, nenhum dos dois sabia na verdade quais eram as necessidades do outro.

PERCEBER AS NECESSIDADES DOS OUTROS
(NÃO IMPORTA COMO ELES SE EXPRESSAM)

Esta era uma situação na qual minha capacidade de perceber necessidades subjacentes poderia ajudar os dois a saírem do conflito. Usei minhas habilidades de Comunicação Não Violenta para deduzir as **necessidades** que ambos, marido e mulher, estavam expressando através de julgamentos.

Relembrei ao marido que ele tinha dito que a mulher era totalmente irresponsável (um julgamento) e perguntei:

— Será que você está se sentindo assustado nessa situação porque sente que precisa proteger economicamente sua família?

Na mesma hora ele olhou para mim e disse:

— É exatamente isso que estou dizendo!

Na verdade não foi isso que ele tinha dito! Mas quando percebemos o que a pessoa precisa, estamos chegando mais perto da verdade, nos aproximando do que a pessoa está tentando dizer. Acredito que toda análise que imputa erro ao outro é basicamente a expressão trágica de necessidades não atendidas. Se conseguirmos escutar as carências por trás do julgamento, isto é um presente que damos ao outro pois assim podemos ajudá-lo a se religar à vida.

Nesse caso, tive a sorte de adivinhar corretamente, mas mesmo que eu não acertasse, estaria ajudando o marido a colocar o foco em necessidades, e isso ajuda as pessoas a entrar em contato com aquilo de que precisam. Olhar para dentro as tira da análise e as ajuda a se conectarem com a vida.

Verificar se as necessidades foram compreendidas com exatidão

Depois que ele expressou sua necessidade, o próximo passo era ter certeza de que a outra pessoa compreendeu. Essa é uma habilidade essencial na resolução de conflitos. Não podemos presumir que, só porque a mensagem foi dada, a outra pessoa recebeu o recado com exatidão. Sempre que faço a mediação de um conflito, se não tenho certeza de que a pessoa que está escutando compreendeu perfeitamente a mensagem, peço que repita o que ouviu.

Perguntei à esposa:

— Será que poderia repetir o que você ouviu seu marido dizer sobre a necessidade dele nessa situação?

E ela disparou:

— Só porque dei cheques sem fundo algumas vezes logo que me casei, não significa que vou continuar fazendo isso.

Segundo a minha experiência, sua resposta não foi atípica. Se as pessoas acumularam sofrimento durante longo período de tempo, mesmo quando ouvem claramente a necessidade do outro, não significa que consigam escutar. Muitas vezes estão tão consumidas pelo próprio sofrimento que isso atrapalha a escuta.

Pedi a ela se conseguiria repetir exatamente o que ouviu

27

o marido dizer, mas ficou claro que ela de fato não tinha escutado; a dor era muito grande.

Então eu disse:

— Vou repetir o que seu marido falou, e gostaria que você repita para mim o que vai ouvir. Escutei seu marido dizer que sente necessidade de proteger a família. Ele tem medo porque realmente deseja que sua família tenha segurança econômica.

Oferecer empatia para aplacar a dor (que impede as pessoas de se escutarem)

Ela continuava não conseguindo escutar, portanto, utilizei uma outra habilidade que muitas vezes é necessária na resolução de conflitos. Mudei o foco. Em vez de tentar que ela repetisse o que ele tinha dito, procurei compreender a dor dela.

— Percebo que você deve estar sofrendo muito, e sente a necessidade de que acreditem que você sabe aprender com as experiências passadas.

Via-se nos olhos dela que realmente ansiava por compreensão.

— É isso mesmo – ela disse.

Tendo recebido compreensão, tive a esperança de que conseguiria escutar o marido, e novamente repeti o que ele tinha dito. Ele queria proteger a família. Então pedi a ela que repetisse o que havia escutado, e ela falou:

— Ele acha que eu gasto demais.

Como se vê, ela não tinha prática de escutar necessidades alheias, nem de expressar as dela. Longe de escutar as necessidades dele, ela só ouvia diagnósticos sobre si própria. Sugeri que ela procurasse escutar apenas necessidades, em vez de críticas sobre ela. Depois de repetir o processo mais duas vezes, ela finalmente conseguiu escutar as necessidades do marido.

Então inverti o processo e pedi à esposa que expressasse suas necessidades. De novo, ela não conseguiu fazer isso diretamente, mas expressou suas carências em forma de julgamento.

— Ele não confia em mim. Ele pensa que sou burra e que não consigo aprender. É injusto. Só porque fiz isso duas vezes não significa que vou continuar fazendo a mesma coisa.

Novamente, emprestei a ela minha habilidade de perceber suas necessidades por trás de tudo isso.

— Me parece que você realmente quer que confiem em você. Gostaria que sua capacidade de aprender a partir de uma experiência fosse reconhecida.

Então pedi ao marido que me dissesse quais eram as necessidades de sua esposa. Assim como ela, o esposo nutria julgamentos que o impediam de escutá-la. Queria defender sua necessidade de proteger a família e começou a explicar que ela era ótima esposa e mãe, mas totalmente irresponsável quando se tratava de dinheiro. Tive de ajudá-lo a escutar o que estava por trás desse julgamento, a ouvir apenas a necessidade dela.

— Será que você conseguiria simplesmente dizer quais são as necessidades dela?

Precisei repetir o processo umas três vezes, mas finalmente ele percebeu que ela desejava confiança.

E então, como eu havia previsto, a partir do momento em que os dois compreenderam as necessidades um do outro, não levou nem vinte minutos para encontrar uma maneira de satisfazer a todos. Muito menos de vinte minutos!

Quanto mais conflitos eu vejo (e tenho feito isso há muitos anos), quanto mais percebo a causa das brigas familiares ou guerras entre nações, mais acredito que qualquer criança em idade escolar conseguiria resolvê-los. Bastaria que as pessoas soubessem quais são as necessidades dos dois lados e quais são os recursos disponíveis – e se perguntassem o que pode ser feito para atender a essas necessidades. O conflito seria resolvido facilmente. No entanto, é trágico perceber que não aprendemos a pensar em termos das necessidades humanas envolvidas em um conflito, e nossos pensamentos não chegam a esse nível básico. Ao contrário, nossa mente tende a desumanizar o outro com rótulos e julgamentos – e então, o mais simples dos conflitos se torna difícil de resolver.

Resolver conflitos entre grupos

A fim de mostrar como se aplicam esses mesmos princípios nas situações em que há mais de duas pessoas envolvidas, examinaremos um conflito entre duas tribos nigerianas que fui convidado a mediar tempos atrás. Ao longo do ano anterior, as duas tribos vinham se relacionando com extrema violência. Tanto assim que a população havia sido reduzida em 25% nesse período. Ou seja, de quatrocentos habitantes, cem tinham sido mortos ao longo do ano anterior.

Ao testemunhar essa violência, um colega meu que vive na Nigéria empenhou-se ao máximo para conseguir que os chefes de ambos os lados concordassem em se encontrar comigo para procurar resolver o conflito. Ele persistiu muito e por fim os convenceu.

Fui para lá e, quando por fim estávamos prestes a entrar no local onde a reunião aconteceria, meu colega sussurrou no meu ouvido:

— Esteja preparado para um pouco de tensão, Marshall. Três das pessoas nessa sala sabem que o indivíduo que matou seu filho está lá dentro também.

Realmente, o início foi bastante tenso. Esses dois grupos tinham se atacado mutuamente com grande violência e era a primeira vez que se sentavam juntos para conversar.

Comecei fazendo a pergunta com a qual geralmente dou início às mediações, que tem o propósito de colocar o foco nas necessidades das pessoas:

— Gostaria que aquele que quiser falar primeiro me diga quais são suas necessidades nesta situação. Depois que todos compreenderem as necessidades uns dos outros, podemos passar a encontrar maneiras de atender a elas.

Lamentavelmente, e igual ao caso da mulher e do marido citado acima, eles não conheciam o repertório de necessidades humanas. Conseguiam apenas dizer o que estava errado com o outro lado. Em vez de responder a minha pergunta, o chefe de uma das tribos olhou para as pessoas do outro lado da mesa e disse:

— Vocês são todos assassinos!

E o outro lado imediatamente retrucou:

— Vocês estão tentando nos dominar! Não vamos mais tolerar isso!

Depois de duas falas, havia mais tensão no ar do que no início.

Obviamente, reunir as pessoas para falar não resolve nada, a menos que saibam como se comunicar de maneira a criar uma conexão humana. Minha missão era a mesma que no caso do casal – emprestar-lhes minha habilidade de perceber as necessidades por trás daquilo que estavam dizendo.

Voltei-me para o chefe que tinha acusado os outros de assassinos e dei o meu palpite.

— Chefe, será que o senhor tem necessidade de segurança, de ter certeza de que sejam quais forem os conflitos eles serão resolvidos sem violência?

— É claro. É isso mesmo que eu falei – disparou o chefe de imediato.

Na verdade ele não tinha dito isso. Ele acusara as outras pessoas de serem assassinos e emitira um julgamento em vez de expressar suas necessidades. Contudo, eu já tinha explicitado as necessidades dele, portanto, me voltei para o outro chefe.

— Chefe, será que poderia por gentileza repetir para mim qual é a necessidade dele?

Este chefe respondeu ao primeiro fazendo uma pergunta de modo bastante hostil.

— Nesse caso, por que você matou meu filho?

Isso deu início a um tumulto entre os dois grupos.

Quando as coisas se acalmaram, me dirigi a ele novamente:

— Chefe, trataremos da sua reação às necessidades dele mais tarde; no momento sugiro apenas que escute qual é a necessidade dele. Será que poderia repetir o que ele falou, sobre suas necessidades?

Ele não conseguiu. Estava tão envolvido emocionalmente com a situação e imerso em seus próprios julgamentos que não ouvia quais eram as necessidades do outro. Portanto, repeti qual era a necessidade do outro da maneira como eu tinha ouvido.

— Ouvi o outro chefe dizer que precisa de segurança. Tem necessidade de saber que, sejam quais forem os conflitos, eles serão resolvidos de alguma maneira que não seja pela violência. Será que poderia repetir qual é a necessidade dele, só para ter certeza de que estamos nos comunicando bem?

Ele não conseguiu. Tive que repetir o processo duas ou três vezes para que ele fosse capaz de ouvir as necessidades do outro.

Então, inverti o processo. Novamente me dirigi ao segundo chefe e disse:

— Agradeço, chefe, por ter escutado que ele tem necessidade de segurança. Agora gostaria de saber quais são suas necessidades nesta situação.

— Eles querem nos dominar. São dominadores. Se acham melhores do que todo mundo.

Essa declaração deu início a uma briga, de novo. Tive que interromper:

— Por favor, com licença, com licença!

Depois que se acalmaram, voltei a tentar perceber as necessidades por trás dessa afirmação de que os outros eram dominadores.

— Chefe, a necessidade que está tentando expressar através desta afirmação seria de igualdade? Você realmente precisa sentir que está sendo tratado com equidade dentro desta comunidade?

— Sim! É claro!

Novamente, a tarefa agora era fazer com que o outro lado escutasse, o que não foi fácil. Tive que repetir o processo três ou quatro vezes para conseguir que o chefe do outro lado simplesmente visse a necessidade que aquele ser humano estava manifestando. Por fim, o chefe conseguiu escutar o que o outro estava dizendo sobre a necessidade de igualdade.

Depois de gastar mais de duas horas para levar os dois lados a conseguirem expressar suas necessidades e escutar a do outro, um terceiro chefe que ainda não tinha falado ficou em pé, me olhou e disse algo com grande intensidade. Eu não falava a língua deles, portanto esperei ansiosamente pela tradução. Fiquei muito emocionado quando o intérprete falou:

— O chefe disse que não se consegue aprender esse tipo de comunicação em um só dia. E disse que se soubermos nos comunicar assim, não teremos mais que matar uns aos outros.

Então eu falei ao intérprete:

— Diga ao chefe que estou muito grato, pois ele percebeu o que acontece quando escutamos as necessidades uns dos outros. Diga a ele que hoje meu objetivo era ajudar a resolver o conflito pacificamente e de modo que todos saíssem satisfeitos, na esperança de que as pessoas compreendessem o valor deste tipo de comunicação. Diga a ele que se as pessoas dos dois lados o desejarem, terei prazer em ensinar representantes das duas tribos a se comunicarem dessa maneira, para que conflitos futuros possam ser resolvidos assim ao invés de pela violência.

O terceiro chefe quis ser uma das pessoas a participar do treinamento, e de fato, antes do final do dia, havia membros das duas tribos que estavam ansiosos para aprender o processo que permitiria a todos escutarem as necessidades ocultas por trás de qualquer mensagem falada. Fico feliz em dizer que a guerra entre as tribos acabou naquele mesmo dia.

Propor estratégias em linguagem de ações concretas

Depois de ajudar os dois lados envolvidos no conflito a expressar suas necessidades e se conectar com a necessidade do outro, sugiro que se passe à busca de estratégias para atendê-las. Minha experiência mostra que, se passarmos muito rápido às estratégias, é até possível chegar a acordos, mas não se chega à mesma qualidade de resolução. Ao contrário, se compreendermos integralmente as necessidades antes de passar à propositura de estratégias, aumenta a probabilidade de que ambos os lados se empenhem em cumprir o acordo.

É evidente que não basta apenas ajudar cada um dos lados a enxergar o que o outro precisa. O conflito só termina com uma ação, um movimento concreto para atender às necessidades de todos. Para tanto, é preciso conseguir expressar as estratégias de modo claro, em palavras que se refiram a ações positivas no tempo presente.

Quando falo de "tempo presente" isto significa uma afirmação clara daquilo que quero do outro lado **neste momento**, como por exemplo: "Quero que você me diga se está disposto a fazer tal coisa" descrevendo a ação que desejamos que a outra pessoa faça. Colocar a conversa no presente através da abertura "Você estaria disposto a" é uma prática que ajuda a alimentar o respeito na discussão. Se a outra parte diz que não está disposta a fazer aquilo, podemos descobrir por quê.

Percebi que os conflitos caminham mais facilmente para uma solução quando expressamos nosso pedido em linguagem que se refere ao presente.

Se eu disser a alguém "Quero que você vá comigo ao show no sábado à noite", fica claro o que quero fazer no sábado à noite, mas meu interlocutor não necessariamente compreenderá o que quero dele naquele momento. Pode ser que eu queira saber se ele tem vontade de ir, como ele se sente a respeito de ir comigo, se tem outros compromissos ou objeções quanto ao show.

Quanto mais clareza tivermos sobre a resposta que desejamos **agora**, mais rapidamente o conflito será resolvido.

Também recomendo que os pedidos sejam feitos em termos de **ações positivas**, ou seja, afirmando claramente o que queremos que seja feito para atender nossas necessidades – ao invés de dizer o que não queremos. Em meio a um conflito, se dissermos o que não queremos, criaremos mais confusão e resistência. E isso vale também para as discussões consigo mesmo. Se ficarmos dizendo para nós mesmos o que não queremos fazer, é provável que a situação não mude muito.

Lembro-me de uma ocasião, há muitos anos, quando participei de um debate na televisão. O programa era gravado e seria exibido à noite. Fui para casa e consegui assistir. Ao ver o programa, fiquei muito chateado comigo mesmo pois fiz três coisas que não gosto de fazer quando estou em debates. Me recordo de ter pensado: "Se algum dia eu estiver debatendo esse assunto novamente, não quero fazer A, não vou fazer B e não devo fazer C".

Tive a oportunidade de corrigir meus erros, pois na semana seguinte me convidaram para continuar debatendo o mesmo tema naquele programa. No caminho para o estúdio de televisão, fui repetindo para mim mesmo "Lembre disso: não faça A, não faça B, não faça C". Quando cheguei lá, o outro debatedor me abordou com o mesmo tipo de linguagem que tinha usado da vez anterior. O que eu fiz? Durante dez segundos fui maravilhosamente bem. E depois de dez segundos, o que foi que eu fiz? A, B e C. Anulei aqueles dez segundos de acerto com enorme rapidez!

O problema é que fiquei dizendo a mim mesmo tudo o que **não** devia fazer. Faltou a clareza sobre o que desejava fazer diferente, e de que modo. Portanto, na resolução de conflitos, ajuda se as duas partes afirmarem claramente o que desejam, ao invés daquilo que não desejam, para atender às necessidades de todos.

Certa vez, uma mulher me mostrou isso com muita clareza. Ela tinha um conflito com o marido. Eles brigavam por causa do pouco tempo que ele passava em casa, e ela dissera a ele: "Não quero que você passe tanto tempo no trabalho". Então, ele se tornou sócio de um clube de boliche e ela ficou furiosa! Observem que ela falou o que não queria, mas esqueceu de dizer o que de fato desejava. Para conseguir expressar sua necessidade, ela poderia dizer: "Gostaria que você me dissesse se estaria disposto a passar pelo menos uma noite por semana comigo e com as crianças".

Linguagem de ações positivas é dizer de forma transparente o que queremos ao fazer uma solicitação, usando verbos de ação claros. Também significa evitar expressões que dissimulem nossas necessidades ou que soem como agressão.

Para exemplificar, tomemos o exemplo de um casal que vinha brigando há doze anos por causa do mesmo motivo. A mulher sentia necessidade de compreensão, algo que o relacionamento com o marido não supria. Quando consegui que o esposo falasse qual era a necessidade da esposa, passei à fase de buscar estratégias e perguntei a ela:

— Certo, então, diga a ele, o que você quer dele para atender à sua necessidade de compreensão?

— Quero que você me escute quando falo com você.

— Mas eu escuto – respondeu o marido.

— Não escuta – rebateu a mulher.

— Escuto sim – retrucou o homem.

Eles me contaram que vinham tendo essa mesma conversa há doze anos. É o que acontece quando utilizamos palavras como "escutar" para comunicar estratégias. É muito vago. Não é um verbo que expresse uma ação verificável.

Com a minha ajuda, a esposa percebeu que ao dizer "Quero que você me escute" ela, na verdade, gostaria que o marido ecoasse o que ela tinha acabado de dizer para ter certeza de que havia ficado claro. Quando ela fez esse pedido, ele se mostrou mais do que disposto a cooperar. Ela ficou encantada, pois essa estratégia realmente atendeu às suas necessidades. Por fim ela conseguira algo que vinha desejando há doze anos. Só o que faltava era uma linguagem clara para comunicar a ele o que precisava.

Uma briga semelhante entre marido e mulher envolvia a necessidade da esposa de que o marido respeitasse suas escolhas. Quando o marido compreendeu a necessidade dela, perguntei a ela o que gostaria de pedir ao marido, ou seja, qual era a estratégia para atender às necessidades dela.

— Bem, eu quero que você me dê a liberdade de crescer e ser eu mesma.

— Mas eu dou essa liberdade a você.

— Não dá não.

— Dou sim.

Então eu intercedi:

— Esperem um pouco! Este é mais um exemplo de linguagem desprovida de ação - algo que agrava os conflitos. Uma pessoa é bem capaz de ouvir a frase "Me dê a liberdade de crescer" como acusação ou sugestão de que é dominadora ou mandona. Este pedido não esclarece quais ações esperamos que aquela pessoa desempenhe. Portanto, fiz a seguinte recomendação:

— Gostaria que você dissesse a ele exatamente o que você quer que ele faça para atender à sua necessidade de que suas escolhas sejam respeitadas.

Ela tentou novamente:

— Quero que você me deixe fazer tal coisa.

Interrompi de novo:

— Temo que o verbo "deixar" também seja vago. Será que você poderia usar um verbo que expresse uma ação concreta?

— Então, e se eu disser "Quero que você me permita fazer tal coisa"?

— O verbo "permitir" também é bastante vago. O que você realmente quer dizer quando diz que quer que uma pessoa permita a você fazer tal coisa?

Depois de pensar por alguns segundos, ela se conscientizou de algo importante.

— Marshall, sabe, hum, entendi o que está acontecendo. Tenho clareza do que quero dele quando digo "Quero que você me deixe ser do jeito que eu sou" e "Quero que você me dê liberdade para crescer". Mas ao dizer isso em linguagem simples, me sentiria envergonhada, é embaraçoso. Além do mais, ele não tem como me impedir. Na verdade, o que quero é que ele me diga que ficaremos bem, não importa o que eu faça.

Quando ela percebeu qual era seu pedido, viu que isto não deixava muito espaço para ele ser ele mesmo, nem ter as escolhas **dele** respeitadas.

O respeito é o elemento-chave para o sucesso de qualquer resolução de conflito.

Resolver conflitos com autoridades

Há muitos anos, trabalhei com um grupo minoritário de alunos em uma cidade no sul dos Estados Unidos. Eles estavam sob a impressão de que o diretor da escola tinha comportamentos muito racistas, e queriam minha ajuda para desenvolver habilidades que os ajudassem a resolver suas diferenças com o diretor.

Na nossa aula, eles definiram claramente suas necessidades. Mas quando seguimos para a expressão dos pedidos, eles me falaram:

— Marshall, estamos pessimistas sobre fazer solicitações a ele. Fizemos algumas no passado e não foi muito agradável. Ele nos mandou sair do escritório dele e ameaçou chamar a polícia.

Então eu perguntei:

— Qual foi a solicitação de vocês?

Um dos alunos respondeu:

— Dissemos que ele não podia nos dizer como devemos cortar o cabelo.

Ele se referia ao fato de que o diretor os proibiu de jogar no time de futebol americano se não cortassem o cabelo bem curto.

Então expliquei que dizer ao diretor o que eles **não** queriam era algo diferente daquilo que eu estava sugerindo.

— Gostaria que vocês aprendessem a dizer o que vocês de fato querem.

Um outro aluno acrescentou:

— Nós dissemos que queríamos justiça.

— Certo. Justiça é uma necessidade – respondi. — Os humanos têm necessidade de justiça. Sabendo quais são nossas necessidades, o próximo passo é deixar claro para os outros o que queremos que eles façam. O que os outros podem fazer para suprir nossas necessidades? Temos que aprender a dizer isso com mais clareza.

Foi trabalho duro criar uma lista de 38 solicitações em linguagem de ações positivas no tempo presente; e fizemos exercícios para conseguir expressar esses pedidos em termos respeitosos, sem que soassem como exigências. Isto significa que depois de fazer seu pedido, não importa como a outra pessoa reaja, dizendo ela sim ou não, você reagirá com igual medida de respeito e compreensão. Se ela disser "não", procure compreender **quais necessidades** dela as impede de dizer "sim".

Respeitar não é o mesmo que ceder

Compreender as necessidades do outro não significa que você está desistindo de atender às suas próprias carências. Essa atitude demonstra que você está igualmente interessado em **ambas** as necessidades: as do outro e as suas próprias. Se o outro conseguir confiar na sua boa intenção, é bem mais provável que as necessidades de todos sejam atendidas, que foi o que aconteceu naquela situação.

Os alunos foram até a sala do diretor, disseram a ele quais eram suas necessidades e expressaram os 38 pedidos em forma de ações claras. Escutaram as necessidades do diretor e, no final, ele concordou com todos os pedidos dos alunos.

Cerca de duas semanas depois desse acontecimento, recebi um telefonema de um representante da Secretaria Municipal da Educação me perguntando se eu podia ensinar ao administrador escolar a mesma técnica que ensinara àqueles alunos.

Ao expressar nossos pedidos, é muito importante ser respeitoso com a reação da outra pessoa, mesmo se ela não concordar com nossa solicitação. Uma das respostas mais relevantes que a outra pessoa pode nos dar é "não" ou "eu não quero". Se escutarmos bem essa mensagem, isto nos ajudará a compreender quais são as necessidades da outra pessoa. Se estivermos atentos a essa escuta, perceberemos que toda vez que o outro diz "não", na verdade está informando que alguma necessidade dele ficará desatendida pela estratégia que foi proposta – motivo pelo qual não disse "sim". Se aprendermos a escutar a necessidade por trás do "não", encontraremos um espaço de abertura que leva à satisfação das necessidades de todos.

É claro que se escutamos o "não" como rejeição, ou se começamos a culpar o outro por dizer "não", é improvável que consigamos atender a todos. É vital que ao longo de todo o processo mantenhamos a atenção dos participantes focada no **atendimento às necessidades de todos os envolvidos**.

Nutro um grande otimismo em relação ao desfecho de conflitos onde se criou essa qualidade de conexão. Se todos os lados da disputa tiverem clareza sobre o que precisam e conseguirem ouvir o que o outro lado precisa, se todos conseguirem expressar suas estratégias em linguagem de ações positivas claras, então, mesmo que a outra pessoa diga "não", o foco do encontro continuará sobre as **necessidades**. Se todos fizermos isso, será fácil encontrar estratégias que atendam a todos.

Quando não se consegue reunir as duas partes

Como vimos, acredito que é muito promissor quando as pessoas se reúnem para conversar nesse clima, porém, é claro, isto exige que as partes estejam juntas na mesma sala. Nos últimos anos, tenho procurado estratégias para resolver conflitos nas situações em que não é possível reunir as partes. Uma das estratégias que me agradou bastante envolve o uso de um gravador. Eu trabalho com cada uma das partes separadamente, sendo que eu mesmo desempenho o papel da parte ausente. Descreverei esta abordagem a seguir.

Procurou-me uma mulher muito sofrida por causa do conflito dela com o marido, especialmente devido ao modo como ele lidava com a raiva, por vezes batendo nela. Ela queria que ele viesse ao encontro comigo para falar sobre esse conflito, mas ele se recusou. Quando ela chegou no meu escritório, disse a ela que eu desempenharia o papel do seu marido. Assumindo esse papel, ouvi o que ela falou e respeitosamente escutei os sentimentos que procurava expressar, a sensação que ela teve ao ser espancada, o sentimento de não ser compreendida.

Escutei de modo a ajudá-la a ganhar clareza na expressão de suas necessidades, e demonstrei respeito e compreensão em relação a essas carências. Assumi então o papel do marido e expressei as necessidades dele (aquilo que intuí serem as necessidades dele) e pedi a ela que escutasse. Gravamos esse exercício de *role-play* entre marido e mulher onde, com a minha ajuda, conseguimos expressar as necessidades um do outro. Pedi à mulher que tocasse esta gravação para o marido e me contasse qual tinha sido a reação dele. Quando o marido escutou a gravação e percebeu como assumi o papel dele, sentiu-se muito aliviado. Aparentemente, minha intuição sobre as necessidades dele fora acertada. Por ter se sentido compreendido (devido ao modo empático como desempenhei seu papel), ele concordou em participar do próximo encontro e continuamos o trabalho juntos até que eles encontrassem outras maneiras de atender às suas necessidades sem recorrer à violência.

Conclusão

Partilhei com vocês alguns dos conceitos sobre resolução de conflitos e mostrei a importância de aprender o repertório de necessidades humanas. Também vimos como é importante expressar necessidades e escutar as do outro para em seguida procurar estratégias e expressá-las usando linguagem clara de ações positivas. Espero que minha experiência ajude vocês a resolver conflitos pessoais de modo mais harmonioso, e também os ajude a contribuir para mediar conflitos de outros. Gostaria que esta obra fortaleça sua consciência do precioso fluxo de comunicação que permite que as diferenças sejam resolvidas de modo a satisfazer as necessidades de todos. Tenho também a esperança de que amplie sua percepção sobre um tipo de comunicação que prescinde de coerção, um tipo de conversação que evidencia a consciência de nossa interdependência.

OS QUATRO COMPONENTES DA CNV

| Expressar, objetivamente, como **eu estou**, sem culpar ou criticar. | Receber, empaticamente, como **você está**, sem ouvir recriminações ou críticas. |

OBSERVAÇÕES

1. O que eu observo (*vejo, ouço, lembro, imagino, livre de minhas avaliações*) que contribui, ou não, para o meu bem-estar:

   "*Quando eu (vejo, ouço, ...) ...*"

1. O que você observa (*vê, ouve, lembra, imagina, livre de suas avaliações*) que contribui, ou não, para o seu bem-estar:

   "*Quando você (vê, ouve, ...) ...*"
   (*Coisas que recebemos empaticamente, mesmo que não tenha sido dito dessa forma.*)

SENTIMENTOS

2. Como eu me sinto (*emoção ou sensação em vez de pensamento*) em relação ao que observo:

   "*Eu me sinto ...*"

2. Como você se sente (*emoção ou sensação em vez de pensamento*) em relação ao que você observa:

   "*Você se sente ...*"

NECESSIDADES

3. Do que eu preciso ou o que é importante para mim (*em vez de uma preferência ou de uma ação específica*) – a causa dos meus sentimentos:

   "*... porque eu preciso de / porque é importante para mim ...*"

3. Do que você precisa ou o que é importante para você (*em vez de uma preferência ou de uma ação específica*) – a causa dos seus sentimentos:

   "*... porque você precisa de / porque é importante para você ...*"

| Faço um pedido claro, sem exigir, de algo que enriqueceria **minha** vida. | Recebo empaticamente o seu pedido de algo que enriqueceria **sua** vida, sem ouvir como uma exigência. |

PEDIDOS

4. As ações concretas que eu gostaria que ocorressem:

   "*Você estaria disposto/a ...?*"

4. As ações concretas que você gostaria que ocorressem:

   "*Você gostaria de ...?*"
   (*Coisas que recebemos empaticamente, mesmo que não tenha sido dito dessa forma.*)

OUVIR   FALAR

© Marshall B. Rosenberg. Para mais informação sobre Marshall B. Rosenberg ou sobre o Center for Nonviolent Communication, visite www.cnvc.org.

LISTA DE ALGUNS SENTIMENTOS UNIVERSAIS

Sentimentos quando as necessidades estão atendidas:

- admirado
- agradecido
- aliviado
- animado
- comovido

- confiante
- confortável
- curioso
- emocionado
- esperançoso

- feliz
- inspirado
- motivado
- orgulhoso
- otimista

- realizado
- revigorado
- satisfeito
- seguro
- surpreso

Sentimentos quando as necessidades não estão atendidas:

- aborrecido
- aflito
- assoberbado
- confuso
- constrangido

- desanimado
- decepcionado
- desconfortável
- frustrado
- impaciente

- impotente
- intrigado
- irritado
- nervoso
- preocupado

- relutante
- sem esperança
- solitário
- triste
- zangado

LISTA DE ALGUMAS NECESSIDADES UNIVERSAIS

Autonomia
- escolher sonhos/propósitos/valores
- escolher planos para realizar os próprios sonhos, propósitos, valores

Bem-estar físico
- abrigo
- água
- ar
- comida
- descanso
- expressão sexual
- movimento, exercício
- proteção contra ameaças à vida: vírus, bactérias, insetos, animais predadores
- toque

Celebração
- celebrar a criação da vida e os sonhos realizados
- lamentar perdas: de entes queridos, sonhos etc. (luto)

Comunhão espiritual
- beleza
- harmonia
- inspiração
- ordem
- paz

Integridade
- autenticidade
- criatividade
- sentido
- valor próprio

Interdependência
- aceitação
- acolhimento
- amor
- apoio
- apreciação
- compreensão
- comunidade
- confiança
- consideração
- contribuição para o enriquecimento da vida
- empatia
- honestidade (a honestidade que nos permite tirar um aprendizado de nossas limitações)
- proximidade
- respeito
- segurança emocional

Lazer
- diversão
- riso

Sobre a Comunicação Não Violenta

Do dormitório às altas esferas de decisão empresarial, da sala de aula à zona de guerra, a CNV está mudando vidas todos os dias. Ela oferece um método eficaz e de fácil compreensão que consegue chegar nas raízes da violência e do sofrimento de um modo pacífico. Ao examinar as necessidades não atendidas por trás do que fazemos e dizemos, a CNV ajuda a reduzir hostilidades, curar a dor e fortalecer relacionamentos profissionais e pessoais. A CNV está sendo ensinada em empresas, escolas, prisões e centros de mediação no mundo todo. E está provocando mudanças culturais pois instituições, corporações e governos estão integrando a consciência própria da CNV às suas estruturas e abordagens de liderança.

A maioria tem fome de habilidades que melhorem a qualidade dos relacionamentos, aprofundem o sentido de empoderamento pessoal, ou mesmo contribuam para uma comunicação mais eficaz. É lamentável que tenhamos sido educados desde o nascimento para competir, julgar, exigir e diagnosticar – pensar e comunicar-se em termos do que está "certo" e "errado" nas pessoas. Na melhor das hipóteses, as formas habituais de falar atrapalham a comunicação e criam mal-entendidos e frustração. Pior, podem gerar raiva e dor, e levar à violência. Inadvertidamente, mesmo as pessoas com as melhores intenções acabam gerando conflitos desnecessários.

A CNV nos ajuda a perceber além da superfície e descobrir o que está vivo e é vital em nós, e como todas as nossas ações se baseiam em necessidades humanas que estamos tentando satisfazer. Aprendemos a desenvolver um vocabulário de sentimentos e necessidades que nos ajuda a expressar com mais clareza o que está acontecendo dentro de nós em qualquer momento. Ao compreender e reconhecer nossas necessidades, desenvolvemos uma base partilhada que permite relacionamentos muito mais satisfatórios.

Junte-se aos milhares de pessoas do mundo todo que aprimoraram seus relacionamentos e suas vidas por meio desse processo simples, porém revolucionário.

Sobre o Center for Nonviolent Communication

O Center for Nonviolent Communication (CNVC) é uma organização global que apoia o aprendizado e a partilha da Comunicação Não Violenta, e ajuda as pessoas a resolver conflitos de modo pacífico e eficaz no contexto individual, organizacional e político.

O CNVC é guardião da integridade do processo de CNV e um ponto de convergência para informação e recursos relacionados à CNV, inclusive treinamento, resolução de conflitos, projetos e serviços de consultoria organizacional. Sua missão é contribuir para relações humanas mais sustentáveis, compassivas e que apoiem a vida no âmbito da mudança pessoal, dos relacionamentos interpessoais e dos sistemas e estruturas sociais, tal como nos negócios, na economia, na educação, justiça, sistema de saúde e manutenção da paz. O trabalho de CNV está sendo realizado em 65 países e crescendo, tocando a vida de centenas de milhares de pessoas por todo o mundo.

Visite o site **www.cnvc.org** onde poderá saber mais sobre as atividades principais da organização:

- Programa de Certificação
- Treinamentos Intensivos Internacionais

- Promover Formação em CNV
- Patrocínio de projetos de mudança social através da CNV
- Criação ou ajuda na criação de materiais pedagógicos para ensinar CNV
- Distribuição e venda de materiais pedagógicos de CNV
- Promover ligações entre o público em geral e a comunidade de CNV

The Center for Nonviolent Communication
9301 Indian School Rd NE, Suite 204. Albuquerque, NM 87112-2861 USA. Tel: 1 (505) 244-4041 | Fax: 1 (505) 247-0414

Sobre o autor

Marshall B. Rosenberg, Ph.D., fundou e foi diretor de serviços educacionais do Center for Nonviolent Communication – CNVC, uma organização internacional de construção de paz. Além deste livro e de muitas obras sobre o tema, é autor do clássico *Comunicação Não Violenta*. Marshall foi agraciado com o Bridge of Peace Award da Global Village Foundation em 2006, e com o prêmio Light of God Expressing Award da Association of Unity Churches International no mesmo ano.

Tendo crescido num bairro violento de Detroit, Marshall interessou-se vivamente por novas formas de comunicação que pudessem oferecer alternativas pacíficas às agressões que ele presenciou. Esse interesse motivou seus estudos até o doutorado em Psicologia Clínica da University of Wisconsin em 1961, onde foi aluno de Carl Rogers. Estudos e vivências posteriores no campo da religião comparada o motivaram a desenvolver o processo de Comunicação Não Violenta.

Marshall aplicou o processo de CNV pela primeira vez em um projeto federal de integração escolar durante os anos 1960 com a finalidade de oferecer mediação e treinamento em habilidades de comunicação. Em 1984 fundou o CNVC, que hoje conta com mais de 200 professores de CNV afiliados, em 35 países do mundo inteiro.

Com violão e fantoches nas mãos, e um histórico de viagens a alguns dos lugares mais violentos do planeta, dotado de grande energia espiritual, Marshall nos mostrou como criar um mundo mais pacífico e satisfatório.

Texto composto na fonte Starling.
Impresso em papel Avena 80gr pela Trust Gráfica.